AF402664

ESSAI

D'UN CATALOGUE

DES LIVRES

IMPRIMÉS SUR VÉLIN.

A PARIS.

M. DCCC. V.

CATALOGUE
DES LIVRES
IMPRIMÉS SUR VÉLIN.

ÉDITIONS DU QUINZIEME SIÈCLE
AVEC DATE.

Année 1457.

I. PSALMORUM Codex. *Moguntiæ, JOANNES FUST et PETRUS SCHOFFER.* 1457. Grand in-folio.

CETTE importante Édition est du petit nombre de celles que la Bibliothèque impériale n'a pu mettre encore au rang de ses innombrables richesses.

Étant Premier Consul, Sa Majesté l'Empereur et Roi, qui honore la Bibliothèque impériale de sa bienfaisante protection, et qui, pour ce superbe Etablissement, médite encore des projets de magnificence et d'utilité, ayant appris que le Psautier de 1457, célèbre monument de l'Imprimerie naissante, manquait à l'inappréciable Collection des Livres imprimés dans le Quinzième Siècle, renfermée dans cet immense Dépôt des connaissances humaines, fit faire, en

A

son Nom, il y a trois ans, auprès du Prince, successeur du dernier Electeur de Mayence, des informations pressantes sur le sort du seul Exemplaire existant dans cette ville avant la conquête; et grâce à cette noble ambition du bien, et de tous les genres de gloire, qui dirige sans cesse l'auguste Chef de l'Empire Français, vers les moindres objets d'intérêt public, la Bibliothèque impériale se trouverait aujourd'hui en possession d'un Livre aussi rare que précieux, s'il eût été au pouvoir de S. A. E. l'Archi-Chancelier de l'Empire Germanique, de le céder à l'empressement de Sa Majesté.

Cette Édition est imprimée en grosses lettres de Forme, rouges et noires, et a été faite sur le modèle des manuscrits liturgiques du quinzième Siècle. Ces lettres, semblables à celles des Missels et des autres Livres d'Eglise du tems, sont de deux sortes de grandeur. Celles de plus grande dimension sont employées aux Pseaumes, et les plus petites, pour la plupart, aux Collectes, Antiphones, Nocturnes, Répons, Versets, etc.

Elle est à longues lignes : la première page en a 19, et toutes les autres en ont 20, excepté le verso du 137e feuillet où on en compte 21.

Elle est décorée de plus de 288 Capitales ornées, artistement gravées en bois, et tirées d'une manière surprenante, par rentrée, à plusieurs couleurs, en rouge lorsque les ornemens le sont en bleu, et en bleu lorsque les ornemens sont en rouge.

Ces Capitales servent d'Initiales à chaque Pseaume. La plus grande qui se voit sur la première page, et qui est aussi la seule imprimée en trois couleurs, savoir, bleue, rouge et pourpre, a, en y comprenant les ornemens, 9 centim. 2 millim. (3 pouces 5 lignes) de haut sur 1 décim. 8 millim. (4 pouces) de large. Elle représente un B entouré d'arabesques, de feuillages et de fleurs, et ayant dans un de ses jambages un lévrier courant une perdrix au vol. De Heinecken l'a fait très-exactement graver dans deux de ses ouvrages (1).

Le volume, composé de 175 feuillets, commence ainsi au recto du premier : .

Dñcis diebȝ post festũ trinitatis. Jnuitarĭum,

Regẽ magnũ dñm venite adoremȣ.
Dñicis diebȝ post festũ ephĩe Jnuitatoriũ.

Adoremȣ dñm q̃ fecit nos Ps venite añ Seruite
          Eatus vir qui
          non abijt in   . v. o. u. a. e
          concilio   impiorũ   et   in
          via pecoȝ nõ stetit : Ꝉ ĩ
          cathedra pestilẽtie nõ se=
          dit Sed ĩ lege dũi vo=
luntas eiȣ : et in lege eius meditabitᵃ die ac
nocte Et erit tanqȝ lignũ qd' plãtatũ est
secȣ decursus aqȝ qd' fructũ suã dabit in
t_pe suo Et foliũ eiȣ nõ defluet : ꝛ oĩaq̃cũqȝ
faciet ꝓsperabũtᵃ Nõ sic impij nõ sic : sed
tanqȝ puluis quẽ ꝓicit ventus a facie ĩre
Ideo nõ resurgũt impij in iudicio : neqȝ
pccõres in ɔcilio iustoȝ Qm̃ nouit dñs
via iustoȝ : ꝛ iter impioȝ peribit Gl'aPȣ

Le dernier feuillet offre au verso cette souscription tirée en encre rouge :

COPIE figurée de l'Inscription qui se trouve en Lettres rouges
à la fin du Pseautier de Mayence de M.CCCC.LVII.

Sur l'Exemplaire du Cabinet de M. DE BOZE

Pñs spalmoꝛ codex venustate capitaliū decoꝛat9
rubricationibusq; sufficienter distinctus,
Adinuētione artificiōsa impꝛmendi ac caracterizandi
absq; calami vlla exaracōne sic effigiatus, Et ad euse=
biam dei industrie est ɔsummatus, Per Johem fust
ciuē maguntinū Et Petrū, Schoffer de Gernszheim,
Anno dñi Millesiō·cccc·lvij· Invigilia Assūpcōis,

Wurdtwein (3) et M. Zapf (4) ont donné aussi une copie fidèle-
ment gravée d'après l'original, de cette curieuse Souscription où
le mot *Psalmorum*, par la transposition d'une lettre, est imprimé
Spalmorum, faute qui se trouve dans tous les exemplaires.

On peut encore la voir également figurée, mais réduite au tiers,
dans les deux ouvrages de de Heinecken déjà cités (5).

Ce Livre, qui passe, à juste titre, pour un Chef-d'Œuvre dans son
genre, fait époque dans l'histoire de l'Imprimerie, parce qu'ayant
une date clairement exprimée, et par conséquent incontestable, il
est à-la-fois le plus ancien et le premier connu jusqu'à ce jour,
portant avec lui l'année précise où il a été exécuté.

Mais si les historiens sont d'accord sur la date de son impression, ils ne le sont pas de même sur l'espèce de Caractères qui ont
servi à l'imprimer.

La plupart, et dans ce nombre on doit distinguer Schwarz (6),
de Boze (7), Schelhorn (8), Fournier le jeune, fondeur de caractères (9); Papillon, graveur en bois (10); Breitkopf, habile Imprimeur
de Leipsick (11), frappés des inégalités et des différences qu'ils ont

observées dans les mêmes lettres, sont d'avis que ce Livre n'a pu être imprimé qu'avec des Caractères mobiles gravés en bois.

D'autres savans Bibliographes, comme de Heinecken (12), Rive (13); M. Lambinet (14), M. Daunou (15), prétendent au contraire, qu'on y a employé des Caractères mobiles de fonte, et s'appuient non-seulement sur la presqu'impossibilité d'exécuter par d'autres moyens un ouvrage d'une aussi grande étendue, mais encore sur les difficultés pour ainsi dire insurmontables, de régler avec assez de précision les dimensions des Tiges sur lesquelles on aurait gravé les lettres, pour pouvoir les aligner et les fixer dans un châssis.

Enfin le savant Meerman a seul imaginé qu'ils pourraient être gravés sur des Tiges fondues (16).

Pour peu cependant qu'on veuille examiner avec quelque attention chaque Caractère en particulier, et comparer les mêmes Lettres les unes avec les autres, on sera bientôt convaincu, comme l'ont été, sans exception, tous les gens de l'Art, par les différences sensibles qu'on remarque dans les tailles et les contours de ces Lettres, qu'elles ne peuvent être sorties si dissemblables de la même Matrice.

D'après cette considération, à laquelle viennent naturellement se joindre plusieurs exemples de ces inégalités, rapportés par de Boze (17) et Fournier (18), il est permis de croire que ce Livre a été réellement produit avec des Caractères mobiles de Bois, quand bien même la possibilité d'un semblable procédé n'eut point été démontrée jusqu'à l'évidence, par le fréquent usage que l'on a fait depuis dans beaucoup d'Imprimeries, et pendant fort long-tems, de gros Caractères en bois, auxquels, dans la suite, on a souvent substitué des Caractères fondus, dont la superficie seule était de Métal, et qu'on fixait sur des Tiges de bois, afin d'en rendre la fonte moins coûteuse, en économisant davantage de matière.

Au surplus, cette dernière opinion est aussi celle de M. Firmin Didot, si justement renommé pour l'élégance de ses Types, et dont la décision, dans un tel différend, doit nécessairement être d'un grand poids aux yeux de ceux qui sont restés jusqu'ici dans le doute, ou ont vu, à cet égard, d'une toute autre manière que cet excellent Graveur.

Ajoutons néanmoins, en faveur des Bibliographes qui ont manifesté un sentiment contraire à celui qu'on vient d'exposer, que l'habile Artiste de ces beaux Caractères a su leur donner des proportions si exactes et si précises, qu'il n'est pas étonnant qu'au premier coup-d'œil, et faute de les avoir bien examinées en détail, ils aient regardé les différentes Éditions du Psautier de Mayence comme les produits de Caractères mobiles fondus.

Originairement

Originairement destiné au Chœur, comme Livre de Chant, ce Psautier n'est proprement qu'un Bréviaire. Aussi ne contient-il pas tous les Pseaumes de David, ni ne les offre-t-il dans le même ordre qu'ils se présentent dans la Bible. Cet ordre a été interverti pour les mieux accommoder aux Dimanches et Fêtes auxquels on a voulu les rapporter. Ils sont d'ailleurs accompagnés ou suivis d'Antiennes, Répons, Versets, Antiphones, Collectes, Hymnes, etc. et terminés par la Litanie des Saints et par des Prières. Dans quelques exemplaires, on voit le Plain-Chant écrit et noté dans des espaces laissés vides à cet effet.

On ne connaît plus de cette précieuse Édition que six Exemplaires dont l'existence soit bien constatée; et ces Exemplaires renferment tous plus ou moins de Variantes. On les apperçoit sur-tout dans les feuillets qui suivent les Pseaumes. Soit qu'elles présentent des additions, soit qu'elles consistent en retranchemens, il est vraisemblable que ces variétés furent commandées dans le tems pour l'usage particulier des Eglises et des Communautés qui firent l'acquisition de ce Psautier.

Voici l'indication des Bibliothèques où on le conserve aujourd'hui.

1°. A Toulouse, dans celle de M. Mac-Carthy, Amateur également recommandable par les plus rares qualités du Cœur et par celles de l'Esprit, et heureux Possesseur du plus magnifique Cabinet de l'Europe, composé d'une nombreuse suite d'Éditions premières du quinzième Siècle, de Livres imprimés sur Vélin, et d'Auteurs classiques Grecs et Latins, en Grand Papier; Cabinet qu'on aura occasion de citer à chaque page de ce Catalogue.

Cet Exemplaire, qui a 3 décim. 5 centim. 2 millim. (13 pouces) de hauteur, sur 2 décim. 5 centim. 7 millim. (9 pouces et demi) de largeur, quoiqu'il ait perdu de sa grandeur primitive par les différens renouvellemens de sa reliure, fut acquis vers 1740 par de Boze, qui en a fait l'objet d'un Mémoire (19). Il avoit été tiré de l'Eglise collégiale de S. Victor de Mayence, où, depuis un grand nombre d'années, il se trouvait renfermé dans une armoire de la Sacristie. Après la mort de de Boze, arrivée en 1754 (20), ce même Exemplaire appartint successivement à M. le Président de Cotte (21), qui, conjointement avec M. Boutin, Conseiller d'Etat, acheta la précieuse Bibliothèque de ce savant Académicien; à Gaignat (22), à qui ils le cédèrent ensuite avec tous les Livres du Quinzième Siècle, ne s'étant réservés que ceux d'Editions modernes; et enfin à Girardot de Préfond, duquel M. Mac-Carthy l'acheta, ainsi que tous les autres livres rares que ce curieux Bibliomane avait recueillis depuis la vente faite en 1757, de sa première Bibliothèque (23).

Il ne contient que 169 feuillets, parce que, dans la partie des

Hymnes, il manque les feuillets 166 à 172. La première Capitale B est imprimée en bleu, et accompagnée d'ornemens tirés en rouge. On a rapporté plus haut, avec leurs abréviations, les premières lignes par où il commence. Le Psautier, avec les Antiennes et les Répons, finit au recto du 136ᵉ feuillet. Au verso commence la Litanie des Saints, suivie de Collectes, Prières, Répons, Vigiles, Laudes, Matines ou Nocturnes, Vêpres, Leçons qui se terminent au 153ᵉ. Plusieurs Hymnes et les Fêtes des Saints occupent les feuillets suivans jusqu'au 169ᵉ; et c'est au verso de ce dernier feuillet que se trouve la Souscription telle qu'elle est représentée ci-dessus. Le Plain-Chant y est partout noté à la main sur une portée de quatre lignes.

2°. A Vienne, dans la Bibliothèque impériale.

C'est le plus beau et le plus pur des Exemplaires qui nous soient parvenus, n'ayant jamais servi au Chœur. Lambecius (23) le découvrit en 1665, auprès d'Inspruck, dans le château d'Ambas, où l'Archiduc François Sigismond avait rassemblé une assez grande quantité de Livres manuscrits et imprimés : plusieurs provenaient, et entr'autres le Psautier de 1457, de cette magnifique Bibliothèque que Mathias Corvin, Roi de Hongrie, avait formée avec des soins et des dépenses infinies, à Bude, et que les Turcs dispersèrent lorsqu'ils s'emparèrent de cette ville en 1526.

Il renferme, selon de Heinecken, 174 feuillets, et 175, selon M. de Murr qui paraît être mieux instruit; il est semblable au précédent, excepté que les écussons de Fust et Schoiffer sont imprimés au bas de la souscription.

3°. A Dresde, dans la Bibliothèque électorale. Ce n'est que depuis peu d'années, et du moment que la Bibliothèque impériale de France a cherché à faire l'acquisition de ce Livre fameux, que le Gouvernement de Saxe, pour le conserver avec plus de sûreté dans ses Etats, en a ordonné le dépôt dans sa Bibliothèque publique.

Cet Exemplaire, qui a appartenu à l'Ecole publique de Freyberg, est très-mal conservé, et composé seulement de 137 feuillets, au nombre desquels il y en a de sales et déchirés.

La Capitale B y est en rouge, et les ornemens sont en bleu. Le Plain-Chant n'y est pas noté par-tout. Le premier Pseaume commence par ces mots ainsi abrégés :

Beatus vir q̄ nō abijt.

Le Psautier finit, comme dans les deux précédens, au recto du 136ᵉ feuillet. Au verso il y a, au lieu du commencement de la Litanie, une Oraison suivie d'Antiennes, etc. jusqu'au recto du 138ᵉ dont le verso est blanc. Suivent les Hymnes imprimés sur 21 feuillets dont le dernier est terminé au verso par la souscription sans écussons.

Cet Exemplaire a été cité, avec quelques détails curieux, par Wilischius (24), de Boze (25), Marchand (26), de Heinecken (27), M. Von Murr (28), M. Zapf (29) et M. Fortia (3o).

4°. Dans la Bibliothèque que possédait à Mayence l'Archevêque Electeur, Exemplaire indiqué par Gercken (3i) et Wurdtwein (32); ce Prince l'avait tiré de la Bibliothèque du Chapitre de l'Eglise métropolitaine, où il servit long-tems au Chœur. Pendant la guerre de la révolution, ses Livres, de même que les plus précieux du Chapitre, furent portés par ses ordres au-delà du Rhin, et avec eux le Psautier qui, depuis ce tems, a disparu.

Cet Exemplaire, consistant en 175 feuillets, est complet et sans écussons. Il a de plus au commencement un Calendrier de 6 feuillets, lequel, s'il est imprimé, ce que ne dit pas Wurdtwein qui décrit ce même Exemplaire, ne se rencontre dans aucun autre.

5°. A Londres, dans la Bibliothèque du Roi. Cet Exemplaire est reconnu pour le plus beau, après celui de Vienne. M. Duve, Conseiller de la cour du Roi d'Angleterre à Hanovre, l'avait légué avec sa riche Bibliothèque, à l'Université de Gottingue (33). Mais cette Corporation savante, en reconnaissance des nombreux bienfaits qu'elle doit au Roi actuel, et connaissant l'extrême desir de ce Monarque, de posséder un Livre d'une aussi grande rareté, et qui manquait à sa Bibliothèque privée, s'empressa, peu de temps après en avoir hérité, de lui en faire le juste abandon.

Plus anciennement il avait appartenu aux Ursulines d'Hildesheim. De Heinecken varie sur le nombre de feuillets qui le composent. Il dit, dans ses Nachrichten (34), qu'il n'en contient que 137, et dans son Idée d'une Collection d'Estampes (35), il assure qu'il y en a 138. M. de Murr indique aussi ce dernier nombre (36). De Heinecken ajoute que la lettre B est en rouge avec les ornemens en bleu; que la souscription, sans écussons, se trouve au verso du 138° feuillet, et que le premier Pseaume commence par cette ligne ainsi abrégée :

Beatus vir q̄ non abijt.

6°. Dans la même ville, chez Mylord Spencer.

Ce Seigneur, qui possède une des plus riches Bibliothèques de l'Europe en Livres rares et précieux en tout genre, et qu'il a formée lui-même avec d'autant plus de goût, qu'il est très-instruit dans toutes les branches de la Littérature ancienne et moderne, fit l'acquisition de son Exemplaire en 1798, pour 3ooo florins d'Allemagne, des Prémontrés de Roth, Monastère situé dans le voisinage de Memmingen. Ces Moines l'avoient autrefois refusé à Meerman pour 2oo ducats, qui leur furent offerts de sa part par Schelhorn (37). En vain ce savant Bibliographe s'est-il réjoui depuis d'avoir échoué dans une négociation qui devait ravir à son pays un monument si digne, à tous égards, d'inspirer le plus vif intérêt, et d'exciter la curiosité de l'Etranger, puisqu'un peu plus tard, on est parvenu à l'obtenir par des offres beaucoup plus considérables.

Il contient, suivant M. de Murr (38), 143 feuillets, ce qui probablement est une erreur de chiffre, attendu que de Heinecken n'en a compté que 134 (39). La grande lettre B y est en rouge et ses ornemens sont en bleu. Le Plain-Chant est noté à la main. Le premier Pseaume commence ainsi sans abréviation :

> Beatus vir qui non abijt.

Le Psautier, la Litanie, les Oraisons se suivent jusqu'au 134ᵉ feuillet, au recto duquel est la dernière Oraison : Omnipotens..... et au verso, la souscription sans les écussons.

L'Abbé Mercier, dans son Supplément à l'Histoire de l'Imprimerie, de Marchand, seconde édition, page 18, parle d'un septième Exemplaire que Jamet jeune vit à Lunéville, en 1738, entre les mains de M. Bagger, Danois, qui le vendit à l'Abbé Comte de Zaluski, Grand-Aumônier du Roi Stanislas, depuis Evêque de Kiow. Si ce rapport est vrai, il n'y a pas de doute que ce Prince ne le plaçât dans la fameuse Bibliothèque qui portait son nom, et dont la majeure partie, celle qui échappa au pillage, fut transportée, en 1795, de Varsovie à Saint-Pétersbourg, par ordre de Catherine II, Impératrice de Russie.

Année 1459.

I. PSALMORUM Codex. *Moguntiæ, JOANNES FUST et PETRUS SCHOIFHER.* 1459. Grand in-folio.

EDITION en lettres de forme de deux grandeurs, et tirées en encre noire et rouge, sans chiffres, réclames ni signatures, à longues lignes au nombre de 25 sur les pages qui sont entières, avec 286 Capitales ornées, gravées en bois et imprimées en bleu et en rouge, et avec des espaces vides pour y écrire le Plain-Chant. La totalité des feuillets est de 136. Le premier commence ainsi :

> Eatus
> vir ā Seruite dño. Evovae.
> qui nõ abijt in cõsilio im=
> pioᷣ; ł in via peccatoᷣ nõ
> stetit : et in cathedra pestilē=
> tie nõ sedit, Sed in lege
> dñi volūtas eius: ł in lege ei⁹ meditabitᵃ die

Les

Les 150 Pseaumes accompagnés d'Antiphones, Collectes, Phares, Hymnes, Nocturnes, Cantiques et Oraisons, et qui se suivent dans le même ordre que dans la Bible, occupent les 102 premiers feuillets; ils sont suivis, jusqu'au verso du 118e, de plusieurs Cantiques tirés des Prophètes. Les 18 derniers renferment les Nocturnes, les Laudes et les Vêpres des principales Fêtes de l'année. Au verso du 136e on lit la Souscription suivante, tirée en rouge, avec la première Capitale P en bleu, entourée d'ornemens en rouge.

> Resens psalmo⁊ codex : venustate capitaliũ deco-
> ratus. rubricationibusq₃ sufficienter distinctus.
> adinuencŏne artificiosa imprimendi ac caracterizandi :
> absq₃ vlla calami exaracŏne sic effigiatus. et ad laudem
> dei ac honorē sancti Jacobi est ɔsũmat₉, Per Joh'em fust
> ciuē magũtinũ. et Petrũ Schoifher de gerns'heym clericũ.
> Anno dũi Millesimo cccc. lɪx. xxɪx. die. mensis Augusti,

Cette seconde édition du Psautier, est exécutée avec les mêmes caractères, tant minuscules que capitales et grandes initiales, que la première. Mais les Pseaumes n'y sont pas suivis d'un égal nombre de Prières, d'Hymnes, etc. ni de la Litanie. C'est ce qui fait qu'on n'y trouve pas la même quantité de feuillets, que de Heinecken élève, par erreur sans doute, à 163, tandis qu'on n'en compte que 136.

Du tems de Maittaire, on ignorait encore l'existence de cette rare édition. Schwarz est le premier qui, en 1740, en ait fait mention dans un Ouvrage intitulé : *De origine Typographiæ primaria documenta II.* Altorf. 1740. *in-4°.* page 8. Suivant les termes de sa souscription, elle fut faite en l'honneur de S. Jacques; ce qui a donné lieu de croire que l'Abbaye des Bénédictins de S. Jacques de Mayence, fournit dans le tems aux frais de son impression, et la tradition avait appris aux Religieux de nos jours, que le Chapitre de la Collégiale de S. Alban de la même ville, avait contribué également à l'entreprise de l'édition de 1457.

Huit Exemplaires sont tout ce qui existe aujourd'hui de l'édition de 1459.

Aux époques de 1770(1) et 1787(2) on en conservait quatre à Mayence, savoir, un dans l'Abbaye de S. Jacques, et trois dans la Bibliothèque de l'Université, qui les avait eus à la suppression des Chartreux hors de cette ville, où ils servaient à l'office du Chœur. De ces quatre Exemplaires, tous composés de 136 feuillets, Mayence n'en possède plus qu'un seul, dont est restée enrichie la Bibliothèque de l'Université. Les trois autres ont passé :

1°. Dans la Bibliothèque impériale de France. Cet Exemplaire fut acquis, avec beaucoup d'autres Livres précieux du 15e siècle (3), de M. de Geneste, Administrateur des domaines à Metz, à qui vraisemblablement il fut vendu comme double; et cette acquisition importante eut lieu en 1788, sous le ministère de l'Archevêque de Sens, qui, aimant

C

lui-même avec passion ces sortes de Livres, fut sur le point de la faire
pour sa propre Bibliothèque; mais il en fit le sacrifice aux vives solli-
citations de M. l'Abbé Desaulnays, alors Garde des Livres imprimés de
la Bibliothèque du Roi, et que les persécutions révolutionnaires
éloignèrent en 1793 de cet Etablissement, d'où il n'a emporté dans
sa retraite, pour prix de ses longs services, que le consolant souve-
nir d'avoir consacré au bien, dans l'exercice d'une place honorable,
les vingt-cinq plus précieuses années de sa vie.

Il est grand de marge, puisqu'il a 4 décim. 1 centim. 7 millim.
(15 pouces 5 lignes) de haut, et assez bien conservé, ayant peu servi
à l'usage auquel il était destiné. La capitale B, gravée en bois, qui se
trouve au commencement de la première page, y est imprimée en
encre bleue dans des ornemens en rouge.

Ce même trésor littéraire renferme, depuis peu, un second Exemplaire plus grand de 5 cent. 4 millim. (2 pouces), mais auquel man-
quent beaucoup de feuillets, y compris le premier et le dernier.

2°. Dans la Bibliothèque de Mylord Spencer, à Londres, Exemplaire en tout semblable à celui de la Bibliothèque impériale. Il pro-
vient de la vente des Livres du Cardinal de Loménie, où il fut acheté
2501 fr. en assignats (4). Sa hauteur est de 4 décim. 3 centim. 3 millim. (16 pouces).

3°. Chez un particulier à Edimbourg, Exemplaire dont était possesseur Lord Spencer avant de devenir propriétaire de celui du Cardinal
de Loménie; ce dernier l'emportant de beaucoup sur l'autre en
beauté et en grandeur.

Le 6° Exemplaire connu est à Toulouse, chez M. Mac-Carthy; et
c'est celui qui a successivement appartenu à de Boze (5), à M. le
Président de Cotte (6), et à Gaignat (7). A la vente des Livres de ce
dernier Amateur, il fut acheté 326 fr. par M. Debure l'aîné, qui le
vendit en 1770 au propriétaire actuel. Il était défectueux de onze
feuillets; un heureux hasard vient de le compléter. Sa hauteur est
de 4 décim. 4 millim. (15 pouces 11 lignes).

Le 7° Exemplaire se trouve dans la Bibliothèque qu'a laissée feu
M. Willett, à Merly, dans le Comté de Dorset.

Le 8° est à Londres, dans celle du Roi.

Les deux Exemplaires indiqués par M. Gercken (8), comme existans
en 1786 à Mayence, l'un dans la Collégiale de S. Alban, avec cette
différence dans la souscription : ad laudem Dei ac honorem *S. Albani;*
l'autre, dans celle de S. Victor, avec cet autre changement : ad laudem Dei ac honorem *S. Victoris,* sont chimériques. Aussi cet Auteur
ne dit-il pas les avoir vus dans la Bibliothèque de ces deux Collégiales.
Trompé par M. Gercken, M. Panzer (9) est tombé dans la même
erreur qui, selon toute apparence, a pris sa source dans l'Idée d'une

Collection d'Estampes, où, page 273, de Heinecken parle, il est vrai, à l'occasion du Psautier de 1459, du Chapitre de S. Alban. Mais loin de laisser soupçonner que ce Chapitre en possédât un Exemplaire avec le mot, *S. Albani,* dans la souscription, il ne donne même pas à entendre qu'il y eût vu aucun autre Exemplaire.

II. GUILLELMI DURANDI Rationale divinorum officiorum. *Moguntiæ, JOANNES FUST et PETRUS de GERNS-HEYM.* 1459. Grand in-folio.

ÉDITION en petites lettres de somme, sans chiffres, réclames ni signatures, avec initiales et sommaires en rouge, sur deux colonnes de 63 lignes chacune, contenant 160 feuillets. Le premier commence au recto, première colonne, par ces lignes, dont les deux premières sont en rouge.

> Jncipit racõnale
> diuinoꝰ officioꝰ.
> vecūq3 ĩ eccl'ia=
> sticis officijs. reb3
> ac oꝛmētis ɔsistūt.
> diuinis plena sūt
> signis. atq3 miste=
> rijs. ac singl'a cele=
> sti sūt dulcedine
> redundātia. Si
> tñ diligētē habe=
> ant inspectorē. q̃
> norit mel de petra
> sugé. oleūq3 de durissimo saxo. q̃s tñ nouit ordinem

Le dernier, au recto, deuxième colonne, finit par la souscription suivante, aussi tirée en rouge, sans écussons au-dessous.

> Presens racõnalis d'inoꝰ codex officõꝰ
> venustate capitaliū decoratus. rubricati-
> onibusq3 distinctus. Artificiosa adinuēti-
> one imprimendi ac caracterizandi : absq3
> calami exaratioñ sic effigiatus. Et ad eu-
> sebiam dei industrie est ɔsūmatus Per
> Johannē fust ciuē Magūtinu3. Et petrū
> Gernssheym. Clericum dioces' eiusdem.
> Anno dñi Millesimoquadringentesimo
> quīquagesimonono. SeꝪ die Octobris.

Cette souscription est imprimée avec des caractères plus gros que ceux du texte, et les mêmes que Fust et Schoiffer, qui n'est désigné ici que par son nom propre et le lieu de sa naissance, Gernsheym, petite ville du diocèse de Mayence sur le Rhin, employèrent, en 1460 et 1462, dans leur édition des Clémentines et de la Bible.

Cet Ouvrage est le troisième sorti des presses de **Fust et Schoiffer**, et peut-être le premier, imprimé en caractères mobiles de fonte, que ces deux célèbres Imprimeurs aient souscrit de leur nom, et marqué de l'année où ils le firent paraître.

Aux yeux des Artistes, cette édition est un chef-d'œuvre de Typo-graphie, recommandable sur-tout par l'égalité parfaite du tirage, le bel ensemble de l'exécution et la netteté des caractères, qui diffèrent totalement de ceux dont se servirent les mêmes Imprimeurs pour les premières éditions du Psautier. Ces caractères représentent exacte-ment l'écriture en usage alors dans toute l'Allemagne, et connue sous le nom d'écriture en lettres de somme.

Dans plusieurs Exemplaires on retrouve les mêmes grandes initiales gravées en bois, et tirées en encre rouge et bleue, lesquelles ornent les Psautiers de 1457 et 1459.

Dans d'autres, et c'est le plus grand nombre, ces lettres sont omises à dessein, et remplacées par des initiales peintes en diverses couleurs.

Parmi les cinq Exemplaires que possède la Bibliothèque impériale, trois offrent cette singulière différence, dont on ne peut rendre raison qu'en supposant qu'on ait voulu par ce moyen les varier. Quoique d'une date très-ancienne, il est surprenant de trouver encore aujour-d'hui, préservés de la destruction, et faisant l'ornement des principales Bibliothèques de l'Europe, un grand nombre d'Exemplaires de cette première et précieuse édition de Durand. Peut-être n'en doit-on la conservation qu'à la nature de l'Ouvrage et à la qualité des Exemplaires qui, étant presque tous imprimés sur Vélin, ont été pour cela même moins exposés à se détériorer. Ceux de la Bibliothèque impériale ont le mérite d'être de cette qualité. Ils renferment d'ailleurs des Variétés assez curieuses et assez importantes, pour qu'on se soit déterminé à les conserver tous les cinq dans ce riche Dépôt.

En voici le détail :

1°. Le plus ancien et le moins beau vient de la Bibliothèque du Duc de la Vallière qui, l'ayant obtenu, par arrangement, des Religieux de S. Vaast d'Arras, ne put le refuser, en 1766, aux vives instances de M. Capperonnier, Garde des Livres imprimés de la Bibliothèque du Roi, mort en 1775, et qui a eu dans son très-estimable neveu, qui occupe la même place, un digne héritier de ses talens et de son zèle pour cet Etablissement.

Cet Exemplaire est orné de huit lettres Capitales en bois, savoir, au premier feuillet recto, un Q en rouge avec ses ornemens en bleu, de moitié plus grand que les autres, Capitale qui ne se trouve point employée dans les deux premiers Psautiers de Mayence ; au verso du second feuillet, un P bleu avec ornemens en rouge, et semblable à celui qui est au 76ᵉ feuillet recto du Psautier de 1459 ; au verso du 14ᵉ,

un

un J rouge avec ornemens en bleu, le même que celui qui se trouve au 17ᵉ feuillet recto du même Psautier; au recto du 27ᵉ feuillet, un I en rouge avec ornemens en bleu, tel qu'au 14ᵉ feuillet verso du même Psautier; au verso du 27ᵉ feuillet, un I en bleu avec ornemens en rouge, semblable à celui du 14ᵉ feuillet recto du même Psautier; au recto du 68ᵉ, un L en bleu avec ornemens en rouge, comme au 79ᵉ feuillet recto du Psautier; au recto du 82ᵉ, un J en rouge avec ornemens en bleu, comme celui du 17ᵉ feuillet recto du Psautier; au recto du 140ᵉ, un P en bleu avec ornemens en rouge, le même qui est au recto du 76ᵉ feuillet du Psautier.

Hauteur de l'Exemplaire 3 décim. 9 centim. 9 millim. (14 pouces 9 lignes).

2°. Très-bel Exemplaire sans ornemens au premier feuillet, provenant des Bénédictins de S. Georges-le-Majeur de Venise, en tout semblable au précédent, et ayant plus anciennement appartenu au Monastère des Bénédictins de Sainte-Justine de Montcassin, à Padoue, comme on l'apprend par ces mots écrits au-dessous de la Souscription :

> Jste liber est ᴐgregationis monachoꝯ sctē iustīe
> deputatus monasterio sctī georgii maioris
> uenetiaꝯ ac signatus numero 315.
> Constitit ducatꝯ decem octo emptus anno 146j.

Hauteur 4 décim. 1 cent. (15 pouces 2 lignes).

3°. Cet Exemplaire a été sauvé en l'an 3 de l'incendie de la Bibliothèque des Livres imprimés de l'Abbaye de S. Germain-des-Prés.

Il diffère des deux précédens, 1°. en ce qu'au lieu de lettres initiales gravées en bois avec leurs ornemens, on voit, à la place qu'elles y occupent, des Capitales et des ornemens faits au pinceau en or et en couleurs; 2°. parce qu'au commencement des 3ᵉ, 4ᵉ, 7ᵉ et 8ᵉ livres, il y a des différences dans les abréviations des mots et dans les lignes, occasionnées, selon les apparences, par un plus grand espace qu'on a voulu laisser aux Initiales dans les Exemplaires où elles devaient être peintes; de sorte que l'espace au commencement des 3ᵉ et 4ᵉ livres, porte sur dix lignes d'impression, tandis qu'il n'est que de sept lignes dans les Exemplaires avec les Capitales gravées. Au commencement des 7ᵉ et 8ᵉ livres l'espace est sur huit lignes.

Le premier feuillet est enrichi d'ornemens en or et en diverses couleurs.

Hauteur 4 décim. 1 centim. 9 millim. (15 pouces et demi).

Par deux notes manuscrites, en partie effacées et surchargées, qu'on lit immédiatement après la Souscription, on apprend que cet Exemplaire, après avoir appartenu en l'an mil cccc lx et douze à un Prêtre dont le nom se trouve gratté, et qui était Chapelain de S. André-des-Arcs à Paris, fut vendu en 1478 par Pasquier Bonhomme, Libraire de l'Université de Paris, à un Chanoine de Sens, dont le nom a disparu de la même manière. Un troisième possesseur de ce Livre a écrit à la suite cette autre note, singulièrement abrégée, et tracée d'une main plus récente.

> Et de present est a maistre estienne Prostat par donacion faite monseigneur maistre Merne Cadoet audit Prostat avecque vng galice dargent et vng messal en parchemain a lusage de Paris vng Breuiere parchemain et corporalitez moiennant que ledit Prostat sera tenu prie Dieu pour monseigneur et baille la somme de trante livres a vne siene fillole pour la marie fille de Querne demorant a bourges paroisse de St Bonet laquelle somme de trante liures je Prostat ay paie a ladite fillole en la presence de guillaume de Brielle notaire royal comme appert par quitance que je ay en coffre.
>
>   PROSTAT.

4°. Ce quatrième Exemplaire qui a été apporté de Bologne, et tiré de la Bibliothèque des Chanoines de San Salvatore, est très-beau et entièrement semblable, soit pour les Initiales, soit pour les ornemens qui le décorent, à celui de S. Germain-des-Prés; mais il a cela de remarquable, qu'on n'y voit qu'une seule Initiale en bois, celle du premier Livre, et que, par oubli ou peut-être à dessein, la Souscription en rouge et en dix lignes, dont on n'apperçoit que la foulure, se trouvant omise, on lit à la place cette note manuscrite du tems :

> M° iiij° 62. Ego psb⁴ daniel vēturella.
> emi hunc librū die iij° mēsis Junij.

Elle était suivie d'une seconde note datée de 1467; mais ayant été effacée, on n'en voit plus que des faibles traces.

Hauteur 4 décim. 8 millim. (15 pouces 1 ligne).

5°. Exemplaire de la plus grande beauté, provenant de la Bibliothèque du Vatican, et dont le premier feuillet est enrichi de beaux ornemens. Les Initiales, excepté celle du premier Livre, laquelle est en bois, s'y trouvent partout peintes en couleurs, rehaussées d'or.

Hauteur 4 décim. 6 millim. (15 pouces).

Les autres Exemplaires connus existent :

1°. A Paris, dans la Bibliothèque du Panthéon, que le zèle éclairé de M. Daunou a enrichie en peu de tems des plus rares Éditions du quinzième siècle. Ce magnifique Exemplaire, apporté de Rome par ce Littérateur distingué, faisait partie de l'intéressante Collection de ces sortes de Livres que le Pape Pie VI s'était plu à recueillir.

Sa première page et ses Initiales sont élégamment peintes en or et en couleurs. Sa hauteur est d'environ 4 décim. 1 centim. 3 millim. (15 pouces 3 lignes).

2°. Dans le magasin de Livres rares de MM. Debure, Libraires de la Bibliothèque impériale; nom devenu, de père en fils, célèbre dans la Bibliographie et dans le commerce des Livres, que cette famille exerce à Paris depuis plus d'un siècle, avec autant de talent que de probité. Cet Exemplaire, parfaitement conservé, avec de belles Initiales peintes, est celui d'Anisson du Perron, lequel fut vendu, en 1795, 110,200 liv. en assignats (1). Il porte en hauteur 4 décim. 6 millim. (13 pouces).

3°. A Besançon, dans la Bibliothèque publique; Exemplaire de la Bibliothèque de la ci-devant Abbaye de S. Vincent de la même ville, auquel il manque, à la fin, quelques feuillets.

4°. A Amiens, dans la Bibliothèque publique; Exemplaire provenant de l'Abbaye de Corbie.

5°. A Toulouse, chez M. Mac-Carthy; le double Exemplaire de Gaignat, qui fut vendu 950 liv. (2).

6°. A Vienne, dans la Bibliothèque impériale; superbe Exemplaire relié en maroquin rouge, avec dentelles, doublé de maroquin violet, et dont les Initiales sont peintes en or et couleurs, et non gravées. Il a appartenu, dans différens tems, à Harley (3), à Gros de Boze (4), à M. le Président de Cotte (5), à Gaignat (6) et au Duc de la Vallière (7).

Hauteur, 4 décim. 6 millim. (15 pouces).

7°. A Bâle, dans la Bibliothèque publique (8).

8°. Chez les Chartreux de Buxheim (9).

9°. A Mayence, dans la Bibliothèque de la Métropole; Exemplaire composé de feuillets de vélin et de papier (10). On ignore ce qu'est devenu, depuis la Révolution, ce rare et singulier Exemplaire. Un semblable entremêlé de feuillets de papier et de vélin, a été vu autrefois en Angleterre par le savant Meerman (11).

10°. Dans la Bibliothèque du Duc de Wolfenbutel; Exemplaire avec les Initiales peintes en or et en couleurs, et non gravées (12).

11°. Dans celle du Chapitre de Magdebourg (13).

12°. Dans celle de la ville de Nuremberg; Exemplaire orné de Capitales en bois (14).

13°. A Jena, dans la Bibliothèque électorale; Exemplaire décoré d'initiales gravées (15).

14°. A Leipsic, dans celle de l'Université; Exemplaire avec les Initiales peintes en or et en couleurs, et non gravées (16).

15°. A Dresde, dans la Bibliothèque électorale; Exemplaire avec les Initiales en bois, et qui, selon toutes les apparences, est celui du Baron de Heinecken , lequel avait appartenu au Professeur Schwarz (17).

16°. Dans la même ville, chez le Baron de Fritsch, Ministre d'État; Exemplaire avec les Initiales peintes et non gravées (18).

17°. A Copenhague, dans la Bibliothèque royale; Exemplaire légué par M. de Thott (19).

18°. A Florence, dans celle de la Métropole (20).

19°. Dans la Bibliothèque Magliabechi, de la même ville; Exemplaire mutilé, et dont le premier feuillet est manuscrit (21).

20°. A Milan , dans la Bibliothèque de Brera , au rapport d'un voyageur instruit.

21. A Turin, dans la Bibliothèque publique , selon le même voyageur.

22°. A Londres, dans la Bibliothèque du Roi; Exemplaire du Consul britannique Smith, dont la précieuse Bibliothèque a été acquise en entier par ce Monarque (22).

23°. Chez Mylord Spencer; très-bel Exemplaire de Pinelli , avec les Initiales peintes et non gravées (23).

24°. Chez M. l'Évêque de Rochester; Exemplaire de l'Archevêque de Sens, avec les Initiales peintes en or et couleurs, et non gravées. Ce dernier Prélat l'avait acheté , en 1788, d'un Amateur de Vienne en Autriche (24).

Hauteur, 4 décim. 1 centim. 5 millim. (15 pouces 4 lignes.)

25°. Dans les environs de Londres, chez un particulier; Exemplaire dont les Initiales ont été coupées.

26°. A Merly , dans la Bibliothèque formée et laissée par feu M. Willett; Exemplaire relié en deux volumes, acheté à la vente du Docteur Askew, 61 liv. sterling (25).

27°. A Oxford, dans la Bibliothèque Bodleienne (25); très-bel Exemplaire en maroquin rouge à compartimens , avec les Initiales peintes en or et en couleurs, et non imprimées, provenant de la Bibliothèque de Crevenna (26).

28°. A Blenheim, dans la riche Bibliothèque du Duc de Marlborough , formée au commencement du siècle dernier par le Comte de Sunderland , mort en 1722 (27).

29°. A Edimbourg, chez M. Stuart ; Exemplaire récemment vendu par M. Edwards, Libraire de Londres.

On a depuis long-temps perdu la trace de l'Exemplaire que possédait , en 1640, Bernard de Mallinkrot, et qui avait autrefois appartenu aux Religieux de S. François du Couvent de Galilée , proche Zutphen (28), ainsi que de celui de Henri Justice de Rufforth, vendu, à la vente de ses Livres, 53 florins, étant défectueux des vingt-quatre premiers feuillets (29).

Dans

Dans son Catalogue de 1794, M. Edwards, Libraire à Londres, annonce à vendre pour 128 liv. sterling, un bel Exemplaire enrichi d'Initiales en bois, et de Capitales peintes en or et en couleurs. Mais il se peut que cet Exemplaire soit celui qui appartient aujourd'hui à M. Stuart.

Quant à un autre, que Maurus Fattorinus dit avoir vu chez les Chanoines de Nocera, ville du Duché de Spolette, ce savant Biographe Italien nous a laissé ignorer s'il était, comme cela est probable, imprimé sur vélin (30).

Guillaume Durandus, Durantus ou Durantes, car on trouve ce nom écrit de ces trois manières, de l'Ordre des Frères Prêcheurs, mort Evêque de Mende en 1296, composa, en 1286, ce Cérémonial de l'Eglise, qui fut long-tems le seul Ouvrage où l'Eglise romaine alla puiser la pratique de son rite (31). Aussi s'en fit-il des éditions multipliées dans le 15ᵉ, 16ᵉ et même le 17ᵉ siècle. En 1372, le Roi Charles V chargea un Carme nommé Jean Golein, de le traduire en français (32); et Antoine Verard, Libraire de Paris, après en avoir fait rajeunir le langage, publia cette version en 1503 (33).

Ce même Durand est encore Auteur de deux autres Ouvrages qui eurent un succès semblable, quoiqu'ils n'aient pas été aussi souvent réimprimés; savoir, le *Speculum Juris* et le *Repertorium Juris Canonici*, l'un imprimé pour la première fois à Strasbourg en 1473 (34), et l'autre à Rome en 1474 (35), éditions très-rares que possède la Bibliothèque impériale.

Année 1460.

I. Constitutiones Clementis Papæ V; unacum apparatu Joannis Andreæ. *Moguntiæ, Joannes Fust et Petrus Schoiffher.* 1460. Grand in-folio.

Edition d'une très-belle exécution, sans chiffres, réclames, signatures ni initiales, pour lesquelles néanmoins il a été laissé des espaces vides. Elle est imprimée sur deux colonnes, en anciennes lettres de somme de deux grandeurs. Le texte est exécuté avec les plus grandes, et le Commentaire qui l'entoure de toutes parts, avec les petites : les unes sont celles de la souscription de l'édition du Durand de 1459; et les autres, celles du texte du même Livre.

Ses sommaires sont en rouge. Le nombre de ses feuillets s'élève à 51. Le premier qu'occupe presqu'en totalité la Bulle du Pape Jean XXII, adressée à l'Université de Bologne

E

pour autoriser cette collection de Constitutions, commence au recto par ces lignes, dont les trois premières sont en lettres rouges.

Jncipiũt ostitucões clemẽtis
ſp v. vnacũ apparatu dñiJo.
andree.
O h ã e s
eſs s'uɥ
s e r u o ꝗ
dei dile=
ctis filijs
d o c t o=
ribɔ et
s c o l a r i
bus vniũsis bononie cõmo=

Au verso du 48e feuillet se trouve, au bas de la seconde colonne, la souscription suivante, tirée en rouge :

Presens Clementis ſpe quĩti ostitutionũ codex. vnacum
apparatu dñi Joh'. an. Suis rubricacõnibɔ sufficiẽter distin-
ctus. Artificiosa adinuẽtioñ imprimẽdi. ac caracterizandi.
absqꝫ vlla calami exaratioñ sic effigiatus : et ad eusebiã dei
industrie est osũmatus. Per Johãnes fust ciuẽ Moguntiñ.
Et petrũ Schoiffher de Gerns'heim. Clericũ dioces' eiusdeꝫ.
Anno domĩ. M. cccc. Sexagesimo. xxv. die Mensis Junij.

Les trois feuillets qui terminent le volume, et qui sont sur deux colonnes de cinquante-six lignes chacune, renferment :

1°. La Bulle du Pape Clément V, pour expliquer la règle de S. François, et terminer le schisme des Franciscains. Elle commence par ces mots : Exivi de Paradiso, et elle remplit deux feuillets.

2°. Constitucõ execrabilis Johannis pape xxij.

3°. Constõ extrauagãs. ad regimẽ. Bñdicti ſpe. xij.

Cette édition est la première du Recueil des Décrets du Concile de Vienne et des Constitutions de Clément V ; compilation de ce Pape, connue sous la dénomination de Clémentines, et laquelle ne parut qu'en 1317, sous le Pontificat de Jean XXII, son successeur. Jean, fils d'André, Professeur en Droit à Bologne, mort en 1348, l'enrichit presqu'aussi-tôt de ses Commentaires.

Elle est infiniment rare, et passe pour le quatrième Livre daté depuis l'invention de l'Imprimerie.

L'Exemplaire de la Bibliothèque impériale, qui n'a point à la fin la Bulle de Clément V, contenue en deux feuillets, a été successivement la propriété de Harley (1), de de Boze (2), de M. le Président de Cotte (3), de Gaignat (4) et du Duc de la Vallière (5).

Il est d'une parfaite conservation, enrichi d'Initiales peintes en or et en couleurs, et relié en maroquin rouge, avec de larges dentelles. Sa hauteur est de 4 décim. 8 centim. 7 millim. (18 pouces).

De Boze l'avait acheté du Libraire Anglais Osborne, pour 3o gui-
nées, prix qui se trouve encore marqué sur le premier feuillet.
Celui-ci en était devenu propriétaire vers l'année 1742, en acquérant
en totalité, pour la somme de 13,000 liv. sterling, la Bibliothèque
de Harley, Comte d'Oxford, une des plus magnifiques qui aient
jamais existé, soit pour le nombre des éditions les plus rares du
15ᵉ siècle, soit pour la beauté des Exemplaires et la recherche de
leurs reliures. Le Catalogue dressé aux frais d'Osborne, par les soins
et sous la direction de deux hommes célèbres, Maittaire et Samuel
Johnson, en parut en 1743, en deux volumes *in*-8ᵉ, sous le titre de
Bibliotheca Harleiana. Ils furent suivis, en 1744, des tomes III et
IV, et, en 1745, du tome V, qui ne contenait proprement que les
Livres composant une partie du fonds d'Osborne (6).

Les autres Exemplaires connus des Clémentines de 1460, sont en
petit nombre : ils sont tous sur vélin, et ont pour possesseurs actuels :

1°. M. Mac-Carthy, à Toulouse. L'Exemplaire de cet estimable
Amateur, qui a fait un si noble usage de ses richesses en se formant
une Bibliothèque digne d'un Souverain, est décoré d'Initiales et d'ornemens peints en or et en couleurs. Il vient de la Bibliothèque de
Gayot, et il est imparfait du dernier des trois feuillets qui terminent
le volume (7).

2°. La Bibliothèque impériale à Vienne.

3°. La Bibliothèque de la ville de Nuremberg; Exemplaire auquel
manque aussi le dernier feuillet (8).

4°. La Bibliothèque de l'Abbaye de Weingarten (9).

5°. Les Augustins de Neufstift, dans le Tyrol (10).

6°. Le Couvent des Espagnols, à Bologne.

7°. Mylord Spencer, à Londres.

8°. La famille de feu M. Willett, à Merly.

9°. Le Duc de Marlborough, au château de Blenheim.

10°. Le Nonce du Pape à Cologne, en 1792; Exemplaire dont le
premier feuillet, qui manquait, a été refait à la plume sur celui de
la Bibliothèque impériale.

11°. M. Payne le jeune, Libraire Anglais, aussi connu à Paris qu'à
Londres sous le rapport de l'honnêteté et des connaissances bibliogra-
phiques; Exemplaire qui était à vendre dans son magasin en 1802.

II. Summa quæ vocatur Catholicon, edita à Joanne de Janua. *Moguntiæ.* 1460. Grand in-folio.

Ce volume est composé de 373 feuillets imprimés en lettres de somme, sur deux colonnes, dont celles qui sont entières ont 66 lignes. Il est destitué de chiffres, de réclames et de signatures. Il manque aussi d'Initiales et de Sommaires ; mais devant y être ajoutés au pinceau ou à la plume, on a laissé, comme cela se pratiquait pour les manuscrits d'alors, des espaces suffisamment vides pour les y recevoir. Les 64 premiers feuillets contiennent une Grammaire divisée en quatre parties, qui traitent, 1°. de *Orthographiá* ; 2°. de *Prosodiá* ; 3°. de *Etymologiá* et *Dyasintasticá* ; 4°. de *Vitiis* et de *Figuris.*

Elle est précédée d'un Prologue qui commence au recto, première colonne, du premier feuillet, par les lignes suivantes, dont les deux premières imprimées en rouge, en forme de sommaire, ne se trouvent point dans tous les Exemplaires.

> Ncipit summa que uocat͞ catholicon, edita a fra
> tre iohanne de ianua. ordinis fratꝛ predicatoꝛ.
>   Rosodia quedã ꝓs
>   grãmatice nuncupa
>   tur. Partes siquidem
>   grãmatice sunt qua
>   tuor. scilicet ortho͞g
>   phia ethymologia
>   diasintastica et pro
>   sodia. Ortho͞gphia
>   d͞r ab orthos quod
>   e͞ rectum et graphia
>   scriptura. J͞u ortho͞g
>   phia .i. tractatus de
> rcã scriptura lr͞aꝛ et sillabaꝛ. Ethymologia d͞r ab

Au recto, seconde colonne, de l'avant-dernier feuillet, est cette souscription :

> Altissimi presidio cuius nutu infantium lingue fi
> unt diserte. Qui q̅ʒ n̅uo sepe ꝑuulis reuelat quod
> sapientibus celat. Hic liber egregius. catholicon.
> d̅nice incarnacionis annis M cccc lx Alma in ur
> be maguntina nacionis inclite germanice. Quam
> dei clemencia tam alto ingenij lumine. donoqʒ g̅
> tuito. ceteris terraꝛ nacionibus preferre. illustrare
> qʒ dignatus est Non calami. stili. aut penne suffra
> gio. sʒ mira patronaꝛ formaꝛ qʒ concordia ꝓpor
> cione et modulo. impressus atqʒ confectus est.
> Hinc tibi sancte pater nato cu̅ flamine sacro. Laus
> et honor d̅no trino tribuatur et uno Ecclesie lau
> de libro hoc catholice plaude Qui laudare piam
> semper non linque mariam DEO. GRACJAS

Au

Au verso de ce feuillet se trouve la table des sommaires, laquelle finit au recto du feuillet
suivant, qui n'a qu'une colonne de huit lignes seulement.

Cette fameuse Edition, sans nom d'Imprimeurs, exécutée avec
des caractères dont Fust et Schoiffer n'ont fait usage dans aucune de
leurs Editions connues, est généralement regardée comme une pro-
duction de Jean Gutenberg, à qui on ne conteste plus depuis long-
tems la sublime découverte de l'Imprimerie.

En effet, des documens qui nous ont été heureusement conservés,
et des témoignages contemporains, nous montrent cet homme à jamais
célèbre, auquel la ville de Mayence donna le jour vers le commencement du quinzième siècle, comme faisant déjà, en 1439, à Strasbourg, les premières tentatives de son Art (1); et après en avoir
continué les essais en 1450 à Mayence, où il était retourné (2), ils
nous le représentent ensuite, ayant porté, dès avant 1455 (3), cet
Art admirable au dernier point de perfection, en inventant, par le
moyen de poinçons et de matrices, les caractères mobiles de fonte.

C'est à cette dernière époque que Jean Fust (4), qu'il avait associé
depuis quelques années à ses travaux, et qui l'aidait de son industrie
et de sa fortune, lui intenta un procès en remboursement de
diverses sommes d'argent, qu'il lui avait prêtées pour leurs entre-
prises typographiques; procès que Gutenberg perdit par jugement
arbitral du 6 novembre 1455 (5), et qui, en même tems, causa la
dissolution de leur Société. Il paraît aussi que cet Artiste, condamné
à payer des sommes considérables, et ne pouvant y satisfaire sur-le-
champ, fut contraint d'abandonner à Fust l'imprimerie et tout ce qui
la constituait.

Environ dix-neuf mois après, ce dernier, conjointement avec
Pierre Schoiffer, qui eut aussi une grande part aux progrès de l'Imprimerie, et qui, par les utiles services qu'il rendit sous ce rapport
à Jean Fust, de son domestique devint son gendre et son associé (6),
eut la gloire de produire le premier Livre connu, muni d'une date,
savoir, le très-fameux Psautier du mois d'août 1457.

De son côté, Gutenberg, quoique réduit, par la malheureuse
issue de sa contestation avec Fust, à ses propres moyens, parvint
cependant, peut-être avec des secours étrangers, à former bientôt un
autre établissement, à élever de nouvelles presses, à graver ou à faire
graver de nouveaux caractères; et les plus fortes présomptions portent
à croire que ceux avec lesquels est exécuté le Catholicon de 1460,
que la plupart des Bibliographes lui attribuent, étaient du nombre
de ces types nouveaux. Ce qu'il y a de certain, c'est qu'ils diffèrent
évidemment de la forme des caractères qu'employèrent successivement, jusques vers la fin du quinzième siècle, Fust et Schoiffer, et
que, dans le tems où parut le Catholicon, ces deux Imprimeurs